LES

ORPHELINS

DE

LA RÉPUBLIQUE

LES
ORPHELINS
DE
LA RÉPUBLIQUE

CONFÉRENCE DE

JULES CLARETIE

FAITE AU THÉATRE DE LA PORTE-SAINT-MARTIN, LE 22 NOVEMBRE 1870

PRÉCÉDÉ D'UNE NOTE

SUR

LA MAISON D'ADOPTION

DU III° ARRONDISSEMENT

PRIX : 50 CENTIMES

(Au profit des Orphelins.)

PARIS

TYPOGRAPHIE MORRIS PÈRE ET FILS

RUE AMELOT, 64

1870

Il y a un mois, un jour d'octobre, le maire du 3ᵉ arrondissement, M. Bonvalet apprit brusquement que, dans une maison de son arrondissement, rue de Normandie, au 3ᵉ étage, une femme venait de mourir en pleine misère.

Chagrin et irrité d'être prévenu trop tard, le magistrat se rendit néanmoins au logis de la morte. Le tableau qui frappa ses yeux est de ceux que les riches n'osent pas affronter souvent, et c'est pourquoi ces tableaux sont si fréquents et les riches si soucieux toujours. Depuis huit mois la morte était veuve, et vivait, si c'est vivre, avec sa mère, âgée de soixante-quatorze ans et idiote, son fils, enfant de quatre ans, et sa petite fille de cinq mois. La misère avait travaillé là si bien que la malheureuse veuve venait de rendre l'âme sur un grabat dévasté, sansun unique drap qui pût au moins lui servir de linceul.

L'enfant de quatre ans pleurait, la grand'mère riait : ce fut le petit garçon qui redit au maire ce que nous venons de dire.

M. Bonvalet fit inhumer celle qu'il ne pouvait plus aider à vivre. Il pourvut à ce qui concernait la vieille idiote, et il tourna sa sollicitude vers les orphelins. — Le malheur vous a pris votre mère : la République la remplacera.

Comme il n'y avait pas sous le toit municipal un local où cette pensée pût aussitôt se réaliser, le maire confia d'abord les petits à la maison des enfants assistés, rue d'Enfer, ainsi qu'un dépôt de sa mairie ; et comme, à peu de jours de là, dans des circonstances tristement analogues, le même homme revit des faits à peu près semblables — que nous n'avons point à retracer ici, — il conçut l'idée véritablement démocratique de ce refuge hospitalier qui s'appellera la Maison d'adoption *du troisième arrondissement.*

Aujourd'hui, l'organisation est en cours, on a trouvé le local ; de nobles femmes, âmes républicaines, ont apporté les unes leurs dons, les autres leur aide. Il y avait une petite gloire à se faire les fondatrices d'une si belle œuvre. D'ailleurs, la République, en élevant les cœurs, a l'heureux pouvoir de les attendrir. La maison s'élève donc, et bientôt les orphelins seront chez eux.

Pour hâter l'édification, la municipalité du Temple a eu l'idée de donner au Théâtre de la Porte-Saint-Martin une représentation extraordinaire : le concours nombreux et empressé qu'elle a rencontré alors vaut la peine d'être mentionné dans les présents souvenirs rassemblés en hâte.

Depuis M. Jules Claretie, qui a ouvert la soirée par la belle conférence qu'on va lire ; depuis M. Victor Hugo, qui a autorisé une poésie des admirables *Châtiments*, jusqu'à M. X, que l'on a entrevu dans le trou du souffleur, où il soufflait aux actrices les vers d'André Chénier, tout le monde a collaboré à la solennité avec un zèle qui profitera aux orphelins.

C'est un devoir et un plaisir de citer et de remercier au grand jour de la publicité Mmes *Hisson, Marie Roze, Marie-Laurent, Rousseil, Grivot, Angelo, Priston, Bloch; MM. Auguste Luchet, de Neuville, Georges Servan, Jules Graux, Émile Japy, Pierre Berton, Landrol, Berthelier, Morère, Devoyod, Adolphe David, Valnay, Coyon* (du 55e bataillon), *Gabriel Morris, Priston,* d'autres encore, de ces amis inconnus que les bonnes pensées trouvent sur leur passage.

Mais entre tous ceux qui ont fait cette soirée belle et fructueuse, un des meilleurs et des plus dévoués a été M. Jules Claretie. Il devait être remercié le premier, il doit l'être encore le dernier, puisque cette belle conférence : *les Orphelins de la République,* il l'a donnée toute aux orphelins que la mairie du Temple va recueillir dans sa *Maison d'Adoption.*

ORPHELINS DE LA RÉPUBLIQUE

Citoyennes, Citoyens,

Le Maire du 3ᵉ Arrondissement m'a prié de dire, pour cette représentation donnée au bénéfice de la Maison d'Adoption des Orphelins, quelques mots de préface.

Je viens tout d'abord l'en remercier. Je suis fier de m'associer ainsi à une œuvre utile, vraiment belle et vraiment patriotique.

Entre tous les maux effroyables de la guerre, le plus terrible n'est peut-être pas encore celui qui atteint le vivant et le couche roide avec une balle ou un boulet, mais celui qui frappe, dans l'être qui combat, l'être qui ne combat point; dans le soldat, la mère, la sœur, l'épouse ou l'enfant du soldat. L'enfant surtout, le pauvre innocent, joyeux de voir partir pour le combat son père, et qui joue, peut-être, en riant, avec le grand sabre ; l'enfant qui demeure au coin du foyer, tandis que la mère pleure, et qui peut, pourvu que la guerre frappe l'époux, et que la misère frappe la femme, se réveiller un matin orphelin.

Avez-vous remarqué les nombreux vêtements de deuil dans nos rues ? Il y a des orphelins en grand nombre. Il y en aura davantage encore, hélas ! grâce à M. de Bismark, au roi Guillaume, à Bonaparte et à leurs complices, la famine et la douleur. Pauvres enfants ! j'ai ramassé, sur le champ de bataille de Sedan, plus d'une lettre qu'ils écrivaient de leurs mains inhabiles, de leurs petits doigts maladroits à tenir la plume, et qu'on retrouvait à demi froissée entre les mains crispées d'un mort, d'un père qui n'avait point voulu mourir sans embrasser une fois encore le papier qu'avait touché l'enfant. Parents morts, enfant orphelin, que deviendraient ces pauvres êtres s'ils n'avaient pour les secourir cette famille de tous, la commune, cette grande mère, la patrie?

« Construisons des logis pour ceux qui n'ont plus d'abris, s'est dit alors M. Bonvalet; soyons les soutiens de ceux qui n'ont plus de soutiens. La guerre est cruelle, la détresse est menaçante, l'hiver arrive, le froid collabore avec les Prussiens. Eh bien! nous serons là! Il y aura dans le troisième arrondissement une Mairie qui adoptera les enfants, qui sauvera les orphelins, qui les nourrira, les vêtira, les élèvera, les enverra plus tard à l'école communale, les instruira et leur mettra en tête le savoir, qui fait l'homme, en main l'outil, qui fait le citoyen.» M. Bonvalet s'est dit cela, et, avec son instinct démocratique, d'un élan de cœur, il a décidé la fondation de cette Maison d'Adoption de ceux qu'il appelle les Orphelins de la République. Il a prié ces artistes, que vous allez entendre, de l'aider dans son œuvre; tous ont répondu. L'œuvre sera fondée. En même temps que les vieillards ont un asile, les orphelins auront une demeure et un berceau. Et, après tout, le sort de l'enfant, bégayant et faible, n'est-il pas aussi digne d'intérêt que celui du vieillard? On avait, au temps jadis, des fêtes de la vieillesse. Celle d'aujourd'hui est comme une fête de l'enfance. Cheveux blancs et cheveux blonds, tous se valent. Si les chères têtes blanches ont la majesté attendrie du souvenir, les petites têtes blondes ont le charme et la grâce de l'espérance.

Ainsi, le maire des quartiers du Temple aura, d'un dévouement ingénieux et incessant, soigné les plaies, pansé les blessures que Paris porte à son flanc grâce à l'empire. Il aura fait cela le premier, il aura songé le premier aux faibles et aux orphelins. Déjà il en a recueilli quelques-uns. Grâce à vous, citoyens, il en pourra sauver davantage.

Et, laissez-moi vous le dire, c'est un consolant et réconfortant spectacle que celui que nous offre ce grand Paris, qui, non-seulement, résiste à l'étranger, mais encore, tout en travaillant à sa délivrance matérielle, dans le présent, pense à son affranchissement moral dans l'avenir. Oui, suivant en cela l'exemple de la Révolution, non-seulement il fond des canons, non-seulement il forge des armes, mais encore, si je puis dire, il forge et fabrique des idées. En plein siége, en pleine guerre, il prépare l'amélioration future de la nation. Les bibliothèques s'ouvrent, les cours publics s'organisent, les conférences deviennent nombreuses et populaires. C'est l'œuvre affranchissement qui sonne. La pensée libre fera la terre libre.

Rien n'est plus beau, encore une fois, que d'instituer, au gronde-
ment du canon ennemi des œuvres d'humanité pareilles à celles
dont M. Bonvalet a eu l'idée. De cette façon, Paris, la cité civilisa-
trice, la patrie de la conscience humaine, le lieu du monde où le
cœur a toujours battu le plus fort pour toutes les justes causes,
Paris restera dans son rôle. Et, plus tard, et bientôt, quand il sera
délivré, débloqué, lorsque cet investissement barbare aura cessé,
lorsque sa ceinture de canons, de bastions, de redoutes, d'épaule-
ments, sera devenue inutile, alors Paris apparaîtra à l'univers
étonné, dans son calme républicain et dans son intégrité civique ;
et on sera surpris de tout ce qu'il aura fait, improvisé, créé, fondé
sous la menace des bombes et, pour ainsi dire, en face de la mort ;
et il ressemblera à ces statues trop longtemps cachées par des
échafaudages, et qui, l'heure venue, lorsque les planches qui les
entourent s'écroulent, rayonnent, fières et sans tache, dans leur
blancheur de marbre et dans leur majesté.

Parmi ces créations et ces fondations, celle qu'entreprend le
Maire du 3ᵐᵉ arrondissement, la Maison d'Adoption pour les Orphelins figurera, je n'en doute pas, au premier rang. Elle est, en
somme, dans la tradition et dans les idées vraiment humaines de la
Révolution française. La Révolution, elle aussi, pendant l'invasion
de la France, songeait aux fils des combattants et des héros, et
adoptait les orphelins de 92. Un maître d'école, député à la Convention, Léonard Bourdon, avait recueilli dans son habitation cette
société de jeunes Français. Il les instruisait et en faisait des hommes (1). Le comité civil de chaque section parisienne payait 700 livres par an pour chaque élève. Ces enfants, élevés à la républicaine,
sous le jeune drapeau tricolore, avaient dans les veines du sang de
héros.

Un jour, le dimanche 18 août 1793, un pauvre petit, portant le
bonnet rouge sur ses cheveux bruns, se présente, le bras en écharpe,
à la barre de la Convention. Hérault de Séchelles présidait. Il y

(1) Ils furent incorporés, en mai 1793, à l'école de Liancourt, pour être mis
ensuite en apprentissage jusqu'à l'âge de dix-sept ans. Il faut lire, à propos des
enfants trouvés et de leur sort avant la Révolution, le travail du chevalier de
Gestan, commandant du bataillon des théâtres, *Plan d'établissement pour les enfants
trouvés*. Le chevalier propose de prendre des couvents pour loger tous les enfants
qu'on dépose, par le froid ou la pluie, à la maison près de Notre-Dame. «Durant l'hiver
tous les enfants exposés meurent. Ceux que les nourrices emportent (moyennant
sept livres par mois) ont bien de la peine à vivre. Le tiers succombe. Un seul enfant
sur quinze parvient à l'âge de sept ans. » La Révolution remédia à ces plaies atroces.

avait, pendus à la voûte de l'assemblée, les étendards enlevés aux soldats de Prusse et d'Autriche. On dit à l'enfant : Que veux-tu?

— Je n'ai pas dix ans, dit-il, je n'ai plus de mère, j'ai suivi mon père au champ de bataille. Il était volontaire. J'ai fait avec lui deux campagnes. Une balle l'a frappé. Il est mort dans mes bras. Je suis blessé moi-même, et je suis seul. Pour toute récompense, je demande à être élevé par Léonard Bourdon, avec les autres enfants de la Patrie. Quand je serai instruit, je retournerai combattre!

C'était un honneur que d'être de cette école républicaine. La maison exaltait dans ses enfants le patriotisme et la vertu. Non loin d'ici, dans la maison du ci-devant prieuré Saint-Martin, on leur avait construit un gymnase, un théâtre. Ils y jouaient des pièces de Corneille, avec les bustes de Barra et de Viala devant eux, pareils à ces exemples.

De Barra, de Viala, le sort nous fait envie!

On leur contait, à ces enfants, l'histoire de Viala mourant, à Avignon, pour la patrie, et de Barra criant : Vive la République! sous la baïonnette des chouans. Barra! Viala! noms d'enfants plus grands que les noms de martyrs! — On ne pouvait conter aux enfants de 93 la légende d'un autre enfant, d'un autre héros, dont l'histoire ne sait point le nom, et qui s'appelait le Tambour d'Arcole.

Le poëte de Provence, Férédric Mistral, a raconté cette légende.

On se battait sur l'Adige. On se battait avec fureur. Les Autrichiens d'Alvingy tenaient en échec les grenadiers de Bonaparte. Un pont était jeté sur le fleuve; mais, franchir ce pont, impossible. C'était le pont d'Arcole. Il n'y avait là que la mort. Lannes et tant d'autres étaient tombés blessés. Muiron allait tomber mort. Les soldats de Lodi reculaient. Bonaparte prit un drapeau, cria : En avant! et se jeta sur le pont d'Arcole.

En voyant leur chef, le maigre général, aller en avant, les soldats suivirent baïonnette baissée; le nom de la République aux lèvres, ils coururent aux Autrichiens. Le soir, Bonaparte dit : — C'est bien; mais où est donc passé le petit tambour qui, ce matin, devant moi, battait la charge?

Le petit tambour ne se montrait pas, il se cachait : un enfant, un gamin de quinze ans, la joue en fleur, la lèvre rose, et qui, sous les balles, au moment terrible, avant les grenadiers, avant Muiron, avant Bonaparte, s'était jeté sur le pont d'Arcole, frappant sur sa caisse, frappant encore, frappant toujours, et, rataplan ! entraînant l'armée et arrivant le premier aux canons autrichiens.

Le soir de la bataille d'Arcole le petit tambour resta dans son coin, et il y resta pendant tout le temps que dura l'Empire, et il y resta dans son coin. Il vieillit, le petit tambour ; il vit autour de lui les officiers d'Arcole, ceux qu'il avait entraînés, enlevés, devenir généraux, maréchaux, mieux ou pis que cela : devenir rois ; et pendant qu'ils se galonnaient d'or et se chargeaient d'épaulettes, lui, le petit tapin, devenu vieux, demeurait toujours l'inconnu, l'oublié, le timide, le tambour d'Arcole.

On ne s'enrichit pas à battre du tambour. L'Empire tomba, puis une royauté ; les rois, les généraux, les maréchaux moururent. Le tambour d'Arcole, ridé, cassé, courbé, habitant une pauvre mansarde au haut d'un faubourg, pensait souvent à toutes ces choses évanouies et se disait ?

— Ce que c'est que de nous ! Qui connaît maintenant le tambour d'Arcole !

Mais voilà qu'un jour, comme il passait, par hasard, sur une place, la place du Panthéon, machinalement le petit vieillard leva les yeux, et là, sur le monument, au fronton du monument de pierre, parmi les héros, les savants, les grands hommes, à côté de Larrey, à côté de Monge, il aperçut qui ? il s'aperçut, lui, le tambour d'Arcole, avec ses cheveux nattés, son uniforme de tapin et sa petite caisse. Il se vit là, tel que jadis, sculpté par David, David (d'Angers), et jeune et vaillant, et rayonnant comme autrefois.

Alors le petit tambour, que le malheur n'avait pu broyer, se sentit faible devant cette joie. Il devint pâle et il trembla devant cette apothéose :

— Il dit : C'est trop ! c'est trop ! c'est trop !

Et murmurant le cri d'autrefois : Vive la République ! il tomba de son haut et resta mort sur le pavé.

Citoyens, l'histoire du tambour d'Arcole, c'est l'histoire du peuple ; la légende du tambour d'Arcole, c'est la légende de tous ceux qui se sacrifient, qui se donnent, qui offrent leur existence, leur sang, leurs os, aux conquérants et aux despotes. La gloire des souverains est faite du dévouement de ces humbles. La victoire des rois a pour plancher, comme disait, après Fontenoy, M. d'Argenson à Voltaire, du sang humain, le sang des petits et des héros.

Mais consolons-nous, les victoires s'en vont bien vite en fumées rougeâtres, la pourpre déteint bien vite, les despotes croulent et les trônes craquent, et l'avenir, l'avenir équitable, tandis qu'il jette les conquérants au charnier de l'histoire, sculpte au fronton des Panthéons les images héroïques des héros inconnus ou méconnus, comme le tambour d'Arcole.

Qui sait ? Il y a, il y aura peut-être des Barra, des Viala et des tambours d'Arcole parmi ces orphelins, qu'un vrai citoyen-maire et la municipalité de son arrondissement adoptent aujourd'hui. Il y aura des héros, il y aura des citoyens prêts à mourir pour la patrie. Oui, mais laissez-moi croire qu'un autre avenir que la gloire du soldat et du martyr est réservé à ces enfants qui naissent et qui grandissent. Laissez-moi espérer que cette guerre, guerre patriotique et décisive, l'étranger chassé, notre territoire inviolé, notre terre française arrachée à l'invasion, sera la dernière guerre. Laissez-moi voir la France rajeunie, refaite, affranchie, délivrée, pacifique, rayonnante. Et pour la refaire que faut-il ? Des travailleurs, des penseurs, des citoyens, des hommes. Des hommes ! c'est-à-dire des consciences, des volontés, des honnêtetés, des courages. Eh bien ! et voilà pourquoi l'œuvre à laquelle vous vous associez, citoyens, est bonne entre toutes ; c'est qu'elle assure l'avenir, c'est qu'elle fonde la République, c'est qu'elle fait des hommes et qu'elle les fait avec ces enfants, avec ces abandonnés, avec ces orphelins, avec les orphelins de la République.

Jules Claretie.

3777 — Paris. Typ. Morris père et fils, rue Amelot, 64.